LES GRELOTS

DE

LA FOLIE.

Seconde édition.

IMPRIMERIE LE NORMANT,
rue de Seine, 8.

LES GRELOTS

DE

LA FOLIE

Chansonnier de 1838,

PAR

P.-J.-M. RENARD ET L.-M. RONJON.

Dédié aux Sociétés chantantes.

PREMIÈRE PARTIE. — P.-J.-M. RENARD.

PARIS.

**LE NORMANT, RUE DE SEINE, 8;
DUFÉY, RUE DES MARAIS-SAINT-GERMAIN, 17.**

1838.

LES GRELOTS

DE

LA FOLIE.

ÇA FAIT DU BIEN PAR OU ÇA PASSE.

———

Air : Avez-vous jamais vu la guerre?

Afin d'éloigner de nos yeux
Le tableau des maux de la vie,
Entourons-nous d'amis joyeux,
De gais enfans de la Folie.
De Bacchus heureux nourrissons,
Que nul souci ne nous tracasse;
Chantons, en vidant nos flacons,
Ça fait du bien par où ça passe.

1.

Charmé d'entendre ce refrain,
Pour en consacrer la mémoire,
Grégoire avala tant de vin
Que bientôt chancela Grégoire.
Mais le sujet lui plaisait tant
Que, l'œil fermé, vidant sa tasse,
Il chantait encore en dormant :
Ça fait du bien par où ça passe.

A l'amant qui la courtisait,
Et prit dans son cœur une place,
En soupirant Lise disait :
L'amour n'a rien qui le surpasse.
Un jour la sensible Lison
D'un lourd fardeau se débarrasse,
Et ne trouve plus de saison
Ça fait du bien par où ça passe.

Passez, égoïstes jaloux
Du bien que vous ne savez faire,
Ce monde n'est pas fait pour vous ;
Vous insultez à sa misère...
Mais vous, généreux bienfaiteurs,
Qui de Vincent suivez la trace,
Vivez à jamais dans nos cœurs...
Ça fait du bien par où ça passe.

Quand nous sommes dans nos vieux ans,
Et que notre âme est attiédie,
Que nous avons des cheveux blancs,
Une main sèche et refroidie...
Vive alors un jeune tendron
Dont la douce main nous agace
En nous caressant le menton !...
Ça fait du bien par où ça passe.

Mais je reviens à mes moutons :
C'est vous dire assez qu'il faut boire...
On boit en faisant des chansons,
On boit en contant une histoire...
Avant d'aller je ne sais où
Faire la dernière grimace,
Passons-nous-en donc par le cou...
Ça fait du bien par où ça passe.

LE RETOUR DE LA GAITÉ.

Air : Faut d' la vertu, pas trop n'en faut.

Retentissez, accens joyeux, ⎫ *bis.*
La gaîté renaît en ces lieux ! ⎭

Des méchans, à nos vœux contraires,
Avaient condamné nos refrains ;
Reprenons, en vidant nos verres,
Gaîment nos bachiques tintins.
   Retentissez, etc.

Du sort épuisant la constance,
L'amitié reprend son pouvoir ;
Après une bien longue absence
Il est si doux de se revoir !
   Retentissez, etc.

Puisque Momus de nos entraves
Aujourd'hui nous a dégagés,
Vidons tout le vin de nos caves
A la mort des vieux préjugés.
   Retentissez, etc.

A la chansonnette piquante
Redonnons un nouvel essor.
Heureux dix fois celui qui chante !
La chanson vaut seule un trésor.
   Retentissez , etc.

Laissons la plaintive romance
S'unir à nos joyeux ébats ;
Écoutons avec complaisance :
Partout les belles ont le pas.
   Retentissez , etc.

Buvons, chantons , soyons l'exemple
Des francs buveurs , des vrais amis ;
Que Bacchus nous trouve en son temple
Toujours dispos , toujours unis !

Retentissez, accens joyeux,
La gaîté renaît en ces lieux !

LE PETIT BROC.

Le petit broc
Me sourit et m'enchante ;
Je pense à lui dès que j'entends le coq ;
Son divin jus me rend l'âme contente ,
Et tout joyeux chaque matin je chante
Le petit broc.   *bis.*

Le petit broc
Des buveurs fait la gloire...
Le verre en main escrimons-nous d'estoc.
Pour honorer notre patron Grégoire ,
Ainsi que lui constamment il faut boire
Le petit broc.

Le petit broc
Dispose à la tendresse
Un jeune cœur, fût-il dur comme un roc...
Nous redoublons notre amoureuse ivresse
Quand nous avons avec notre maîtresse
Le petit broc.

Le petit broc
En tout temps doit nous plaire…
Quand nous voulons soutenir quelque choc
Dans les combats de Mars ou de Cythère,
Amis, voilà l'aiguillon salutaire :
Le petit broc.

Le petit broc
Fait naître l'allégresse,
Et sa liqueur nous ravit plus qu'un loch.
Quand de l'amour pour nous le charme cesse,
Qui nous séduit encor dans la vieillesse ?
Le petit broc.

Au petit broc
Joignons la chansonnette ;
Nous lui devons le joyeux *Tic et toc.*
Chez des lurons que je vois en goguette,
Quel est le cri qu'avec feu l'on répète ?
Le petit broc.

Au petit broc
Ici rendons les armes,
De nos revers il nous console en bloc…
Quand nous avons répandu bien des larmes,
Qui les tarit, qui bannit nos alarmes ?
Le petit broc.

RIEN.

(MOT DONNÉ.)

Air : Faisons ici défense expresse. (*Fanchon.*)

Composer une chansonnette,
Écrire couplet sur couplet,
Est une affaire bientôt faite,
Pourvu que l'on trouve un sujet.   *bis.*
Lorsqu'à rimer je me dispose,
Mon embarras n'est pas moyen,
Messieurs, puisqu'il me faut sur *rien*
Ici vous chanter quelque chose.   *bis.*

Pour *rien* on querelle, on s'anime ;
Un *rien* apaise les esprits ;
Rien pour *rien*, telle est la maxime
Qui se professe en tout pays.
Sans *rien*, point d'amis, de maîtresse,
On vous traite, hélas ! comme un chien.
Moi, je ne le sais que trop bien :
Rien, voilà toute ma richesse.

Un *rien* nous plaît dans une femme;
Ce *rien* sait captiver nos cœurs,
Et nous brûlons au fond de l'âme
De nous en rendre possesseurs.
Nous désirons avec ivresse
Ce *rien* qui fait notre tourment :
L'obtenons-nous, ce *rien*, souvent
N'est moins que *rien*, je le confesse.

Au Temps, puisque *rien* ne résiste,
De ce monde il faudra partir;
Loin que cet avenir m'attriste,
Je me dis, avant d'en sortir :
« Grâces à la métempsycose,
« On peut devenir loup, chat, chien...
« C'est toujours beaucoup plus que *rien*,
« Car une bête est quelque chose. »

L'homme est rempli de suffisance;
Rien de plus vrai, sans contredit;
Le poltron vante sa vaillance,
Le sot proclame son esprit;
L'homme de *rien*, grand se suppose...
Mais je médis... ce n'est pas bien.
Dans mon verre je n'ai plus *rien*...
Amis, versez-y quelque chose.

FEU!

Air de l'Enfer (de Pradel).

REFRAIN.

De tout il faut user un peu :
        Cet adage
        Est fort sage...
Mais ici ne formons qu'un vœu :
        Chargeons
        Nos canons,
        Et faisons
            Feu !

Rions tous de bon cœur,
Que notre belle humeur
Confonde les caustiques !
En vidant nos flacons,
Mes amis, entonnons
Quelques joyeux cantiques.
De tout, etc.

Fuyons les embarras,
Ne nous occupons pas
D'un avenir sans bornes...
Laissons, en bons enfans,
Aux femmes les cancans,
Et le diable et ses cornes.
De tout, etc.

Orateurs radoteurs,
Tristes prédicateurs,
Vous chassez l'insomnie ;
Mais vive un gai festin
Où l'amour et le vin
Marchent de compagnie !
De tout, etc.

Hommes de tous partis,
Dans vos menteurs écrits
Vous pouvez vous combattre...
Pour nous, chantons, aimons
Les belles, les flons flons :
Imitons Henri-Quatre.
De tout, etc.

Quand j'entends un voisin
Soutenir que le vin

Nous tape sur l'oreille,
Je dis : Si le flacon
Égare la raison,
Qu'on double la bouteille.
De tout, etc.

A nos braves guerriers
Tout couverts de lauriers
Qu'ils cueillent en Afrique ;
A leurs brillans succès.
Troubadours et Français,
Vidons notre barrique !

De tout il faut user un peu :
      Cet adage
      Est fort sage...
Mais ici ne formons qu'un vœu
      Chargeons
      Nos canons.
      Et faisons
        Feu !

CHANSON DE TABLE,

Composée à l'occasion d'une réunion.

Air de walse.

REFRAIN.

Amis, célébrons
Gaîment le jour qui nous rassemble;
Que chacun ici
De son cœur chasse le souci :
Rions,
Folâtrons,
Chantons,
Trinquons.
Buvons ensemble;
Sachons, pour jouir,
Saisir
A propos le plaisir.

Heureux le mortel
D'un naturel
Égal et tendre!
Il coule ses jours
Entre Bacchus et les amours;

Au lit
En crédit;
A table on se plaît à l'entendre,
Quand, le verre en main,
Il chante un bachique refrain.
Amis, célébrons, etc.

Laissons à l'écart
Le buveur d'eau, le politique;
Fuyons sans égard
Le sermoneur et le cafard;
Surtout évitons
L'homme ombrageux, mélancolique:
Ces gens-là sont bons
A mettre aux Petites-Maisons.
Amis, célébrons, etc.

Perdant son repos,
Que le héros
Vole à la gloire,
Et qu'il soit vanté,
Cité
Par la postérité;
Sans être jaloux,
Contentons-nous
De rire et boire;

Le vin, la gaîté,
Valent bien l'immortalité.
Amis, célébrons, etc.

Des sanglans débats
Des potentats
Fou qui s'importe;
Laissons couler l'eau,
Nous sommes bien dans ce caveau.
Parlons des États;
Mais des seuls plats
Qu'on nous apporte,
Si le compte est rond,
Princes ni rois ne le paîront.

Amis, célébrons
Gaîment le jour qui nous rassemble;
Que chacun ici
De son cœur chasse le souci :
Rions, folâtrons,
Chantons,
Trinquons.
Buvons ensemble;
Sachons, pour jouir,
Saisir
A propos le plaisir.

IL FAUT QUE TOUT LE MONDE VIVE !

Air : V'là pourtant comme j' s'rai dimanche !

Vivez en paix, fripons titrés,
Charlatans, Laïs mercenaires,
Faux amis, courtisans madrés,
Hardis pirates littéraires,
Tartufes noirs, et vous aussi,
Bavards, dont l'arme est l'invective ;
Suivant l'exemple de Henri,
Je chante en joyeux sans-souci :
« Il faut que tout le monde vive ! »   *bis.*

Un protecteur est aujourd'hui
Une des merveilles du monde ;
A tous il promet son appui,
Bien fou l'imprudent qui s'y fonde.
Il sacrifie amour, argent,
Pour une place en perspective ;
L'espoir le soutient, et pourtant
Il meurt de faim en attendant...
« Il faut que tout le monde vive ! »

Tous ces superbes conquérans
Qu'avec effroi la terre admire,
N'obtiennent le surnom de grands
Que par un forcené délire.
Quand sur les peuples malheureux
Leurs mains lancent la foudre active,
On entend dire à chacun d'eux,
Tout en détruisant de son mieux :
« Il faut que tout le monde vive ! »

Par un lâche et sensible trait
Offensant ma flamme fidèle,
Si mon Elmire me faisait
Ce qu'à Henri fit Gabrielle ;
Quelque matin si je trouvais
Sous ma couche un autre convive,
En admirant le Béarnais,
Je ne crois pas que je dirais :
« Il faut que tout le monde vive ! »

Heureux l'homme après son printemps
Qui brûle des feux du jeune âge !
Il peut encor de temps en temps
Faire à Cythère un doux voyage.
Mais le vrai plaisir n'a de prix
Qu'autant que notre flamme est vive :

De la beauté l'amant épris
Doit songer qu'auprès de Cypris
« Il faut que tout le monde vive ! »

Quand nous arrivons au déclin,
La beauté fuit, l'amour s'envole ;
Mais d'un si rigoureux destin,
Plus constant, Bacchus nous console.
Soutien joyeux de nos vieux ans,
Sa douce liqueur nous ravive ;
Par ses aimables passe-temps
Nous pouvons dire encor long-temps :
« Il faut que tout le monde vive ! »

Or, tandis que nous parcourons
Le court espace de la vie,
Mes amis, près de nous fixons
Bacchus, l'Amour et la Folie.
Une fois sur les sombres bords
Pour toujours la gaîté s'esquive...
Adieu pour nous joyeux accords ;
On ne chante pas chez les morts :
« Il faut que tout le monde vive ! »

SOUVENIRS D'UN ANCIEN JEUNE HOMME,

ou

JE FOUAILLE !

Air : Avez-vous jamais vu la guerre ?

Il fut un temps où de mon cœur
Le chant bannissait les alarmes ;
Mais je le vois avec douleur ,
Muse , il me faut quitter tes charmes.
Quand je veux rimer à présent ,
Sur mes refrains j'entends qu'on raille...
D'où peut naître ce changement ?...
Je fouaille , je fouaille , je fouaille !

Je me souviens des jours heureux
Où je faisais ma cour aux belles ,
Où , par des exploits amoureux ,
Je triomphais des plus rebelles.
Ivre d'amour , de volupté ,
Sans répit je livrais bataille...
Mais j'ai perdu ma fermeté...
Je fouaille , je fouaille , je fouaille !

Alors chantant le vin, l'amour,
A table je faisais merveille,
Et l'on me voyait nuit et jour
Fêter ma belle et ma bouteille...
Mais j'ai bien rabattu le ton ;
Hélas ! je ne suis plus de taille !...
Pour le plus léger gueuleton
Je fouaille, je fouaille, je fouaille !

Au bal j'ai compté des succès ;
J'aimais et la valse et la danse ;
J'avais de vigoureux jarrets,
Et marquais au mieux la cadence.
Aujourd'hui mes pas sont pesans ;
L'affreuse goutte me travaille...
Et je vois bien qu'à soixante ans
Je fouaille, je fouaille, je fouaille !

J'ai bravé la peine et le sort ;
J'ai bravé les coups de l'envie...
Mais, avant de toucher le port,
Permettez que ma voix vous crie :
Quand je l'ai pu j'ai fait le bien ;
Il ne me reste sou ni maille...
Je ne suis donc plus bon à rien...
Je fouaille, je fouaille, je fouaille !

LE VRAI BONHEUR EST DANS L'ILLUSION.

Air : Bien fou celui qui se chagrine.

Dans cette joyeuse retraite
Si je n'arrive qu'aux flambeaux,
Cet heureux moment que je guette
Sait m'offrir des charmes nouveaux.   *bis.*
Je suis toujours près de vous en délire,
Amis, ce n'est pas une fiction ;
Mais loin de vous, je suis forcé de dire : ⎱ *bis.*
Le vrai bonheur est dans l'illusion.   ⎰
Vrai bonheur est dans l'illusion.   *bis.*

L'homme à mille dangers s'expose
Dans l'espoir un jour d'être heureux ;
Bien près du but qu'il se propose,
L'insensé forme d'autres vœux.
Ce qu'il n'a plus, en vain il le regrette ;
Le temps met fin à son ambition...
Il est trop tard quand sa voix lui répète :
Le vrai bonheur est dans l'illusion.

Qu'un amant aime sa maîtresse ;
Qu'un jaloux rôde nuit et jour ;
Qu'un avare entasse sans cesse ;
Que Laïs trafique l'amour ;
Que d'un guerrier la sanglante Bellone
Guide le bras au fort d'une action ;
Que le buveur s'enivre sur la tonne :
Le vrai bonheur est dans l'illusion.

Après ce fantôme qui tente
Ne nous pressons pas de courir ;
Doucement descendons la pente
Qui nous mène droit au plaisir ;
Et, sur les pas de l'aimable folie,
De notre cœur suivons l'impulsion...
C'est le secret d'oublier qu'en la vie
Le vrai bonheur est dans l'illusion.

LE FRÈRE JOYEUX.

(Chanson faite en société avec feu SUCHET.)

AIR : Tic et tic et toc, et tin, tin, tin.

J'ai le surnom de frère joyeux :
On ne me voit pas souvent triste ;
Avec ma gaîté je suis heureux ;
Je ris pour quatre et je bois pour deux.

A table je suis artiste,
On ne voit pas mon pareil :
Ici j'ai plus d'un copiste,
Qui s'y met dès son réveil.
    J'ai, etc.

Si quelque chose m'attriste,
C'est bien un mauvais repas ;
Si j'étais capitaliste,
Je deviendrais gros et gras.
    J'ai, etc.

Je ne suis pas journaliste,
J'aime trop la vérité ;
Mais suis bon naturaliste
Près d'une jeune beauté.
    J'ai, etc.

Je méprise un duelliste
Qui va prônant ses hauts faits;
Je laisse au congréganiste
Le soin de troubler la paix.
    J'ai, etc.

Veux-tu, généalogiste,
Dénombrer mes parchemins;
Tu peux consulter la liste
De tous nos marchands de vins.
    J'ai, etc.

Je suis Grégoire à la piste
Lorsqu'il tient le broc en main;
J'en serai l'apologiste
Tant que sera bon son vin.
    J'ai, etc.

C'est assez rimer en *iste!*...
Mais, quoi? mon verre est à sec!
Versez à boire à Baptiste
Pour lui rafraîchir le bec.

J'ai le surnom de frère joyeux :
On ne me voit pas souvent triste;
Avec ma gaîté je suis heureux;
Je ris pour quatre et je bois pour deux.

L'AMOUR VAINQUEUR.

Chanson de noce.

Air : Gai, gai, mes chers amis.

REFRAIN.

Gai, gai, chantons en chœur !
  Joyeuse ivresse
Excite à la tendresse.
Gai, gai, chantons en chœur !
  Le dieu d'Amour
    En ce jour
    Est vainqueur !

Quels bruyans concerts
J'entends dans les airs !
L'oiseau matinal
Donne le signal ;
L'homme à ses accens
Joint bientôt ses chants ;
Saluant le jour,
Dit l'hymne d'amour...
Gai, gai, etc.

Partout révéré ,
Partout adoré ,
Oui , chaque mortel
Lui doit un autel ;
Les champs , les forêts ,
Les mers , les guérets ,
Tout de ses bienfaits
Ressent les effets.
Gai , gai , etc.

Cet enfant malin
De son feu divin
Embrase à la fois
Les bergers , les rois ;
On le brave en vain
(Tel est son destin !),
Le petit lutin
Règne en souverain.
Gai , gai , etc.

Un joyeux buveur ,
Fêtant la liqueur ,
Au dieu du raisin
Adresse un refrain !
Mais qu'en ce moment
Un objet charmant

Se présente à lui,
Il répète aussi :
Gai, gai, etc.

Sous l'ombrage frais
Du feuillage épais
Lise va souvent
Avec son amant.
Ce couple amoureux,
Exprimant ses feux,
Chante à l'unisson :
Vive Cupidon !
Gai, gai, etc.

A nos deux époux
Que chacun, jaloux
De prouver sa foi,
Fasse comme moi.
Saisissons d'abord
Notre rouge bord ;
Buvons ! et d'accord
Répétons encor :

Gai, gai, chantons en chœur
  Joyeuse ivresse
Excite à la tendresse.   (Au refrain.)

COMME ILS PLEUVENT !

Air : Tout ça passe.

Il est passé l'âge d'or !...
Chez tous les peuples du monde,
Plus d'amitié, plus d'accord ;
Du vice la source est féconde....
Partout je ne vois qu'artifice....
Dans les palais, dans les salons,
Au temple de la justice,
Comme ils pleuvent (*ter*) les fripons !

Quand la femme sans retour
Perd le pouvoir de ses charmes,
On fuit loin d'elle, et l'Amour
Ailleurs vole essayer ses armes.
Pour la beauté vive et touchante,
A l'œil tendre, aux appas naissans,
On soupire, on se tourmente...
Comme ils pleuvent les amans !

Par le destin maltraité .
Tombez-vous dans la détresse ,
Bientôt vous êtes quitté
Par vos amis , votre maîtresse !
Mais la fortune plus traitable
Revient-elle en votre logis…
    Pour caresser…. votre table ,
Comme ils pleuvent les amis !

Phryné dit que la vertu
En tout temps fut son partage…
    Et de n'être pas *connu*
Son époux se flatte , je gage.
Les femmes ne sont plus coquettes ;
Les jaloux ne sont plus grondeurs ;
    Tous les marchands sont honnêtes…
Comme ils pleuvent les menteurs !

Un favori d'Apollon
Signalant certains poètes ,
Dit : « Soyez plutôt maçon .
« Si c'est le métier que vous faites. »
En dépit de cette maxime,
Sans honte offensant les Neuf Sœurs ,
    Sans raison plaçant la rime…
Comme ils pleuvent les auteurs !

J'ai signalé sans détour
Faux amis, fripons, coquettes ;
Vous avez eu votre tour,
Sots époux, menteurs, poètes...
Je suis au bout de ma harangue...
Bacchus, pour mon dernier refrain,
Afin d'humecter ma langue,
Fais qu'il pleuve (*bis*) dans mon verre de bon vin.

LES *ON DIT*.

AIR : On dit que je suis sans malice.

Sur les *on dit* que par ce monde
J'entends répéter à la ronde
On pourrait faire un long écrit...   *bis.*
Je commence donc par vous dire
Que sans frais on pourrait m'instruire :
Faut-il croire tout ce qu'on dit ?   *bis.*

On dit qu'en amour on est stable ;
Qu'aucun buveur ne bronche à table ;
Que la gaîté seule suffit ;
De chez nous qu'on chasse le vice :
Et que le sexe est sans malice...
Faut-il croire tout ce qu'on dit ?

On dit que des savans célèbres
Nous feront sortir des ténèbres ;
Le jour remplacera la nuit...
Tous les hommes seront sincères ,
Et désormais vivront en frères...
Faut-il croire tout ce qu'on dit ?

On dit qu'on place le mérite ;
Que G...... [1] n'est pas un jésuite ;
Que les vertus sont en crédit ;
Que B...... [2] est honnête homme ;
Quoiqu'en certains lieux on le nomme...
Faut-il croire tout ce qu'on dit ?

On dit aussi que dans la France
On voit renaître l'abondance,
Que le commerce resplendit...
Qu'on y gouverne avec droiture,
Selon la Charte *franche* et *pure*...
Faut-il croire tout ce qu'on dit ?

D'ennuyeux conteurs de sornettes
Disent que je fais des boulettes ;
Que je ne mets rien à profit.
Quand j'avale un peu de Bourgogne,
Ces sots-là me traitent d'ivrogne....
Faut-il croire tout ce qu'on dit ?

[1]—[2] Tous deux candidats d'une députation. Le premier a été élu... Au surplus, l'un vaut bien l'autre.

GARDE A CARREAU !

MOT DONNÉ.

Air : Cédant au besoin qui me presse (Le Fandango).

Je vous dois une chansonnette
Sur un mot que l'on m'a donné ;
Il faut, pour acquitter ma dette,
Que j'accouche d'un nouveau-né.   *bis*.
Si la rime parfois me gêne,
Me creuserai-je le cerveau ?
Non : pourquoi prendre tant de peine ?
J'ai pour chanter *garde à carreau*.   *bis*.

Voyez ce malheureux en butte
A la misère, au désespoir,
On le méprise, on le rebute,
A le fuir on met son pouvoir.
Un jour chez lui si l'or abonde,
On le suit la main au chapeau...
On est l'ami de tout le monde
Quand on vous sait *garde à carreau*.

4

L'amour veut-il à ses caprices
Nous assujettir constamment,
Sans renoncer à ses délices,
Suivons-le, mais indépendant ;
Goûtons, en adorant les belles,
Chaque jour un plaisir nouveau...
Imitons-les... changeons comme elles...
Ayons toujours *garde à carreau*.

Naguère implorant la fortune,
De toutes parts les potentats,
Faisant enfin cause commune,
Pénétrèrent dans nos États.
Bientôt de leur ligue en furie
Nous eussions creusé le tombeau,
Si, dans notre belle patrie,
Ils n'avaient eu *garde à carreau*.

Nobles guerriers dont la victoire
Partout accompagnait les pas,
Vous n'êtes plus !... mais votre gloire
Vous suit au-delà du trépas !
Le lâche qui vous injurie
De l'honneur trahit le drapeau...
Ah ! si vous perdîtes la vie,
Vous n'eûtes point *garde à carreau !*

Pour chasser l'humeur monotone,
Pour rendre dispos et gaillard,
Pour savourer le jus d'automne,
Pour narguer le sot, le cafard,
Pour nous porter à la tendresse,
Pour rire ici comme au Caveau,
En couplets, en joyeuse ivresse,
Ayons toujours *garde à carreau*.

HYMNE A BACCHUS.

—

Air : Chantons, chantons, etc. (de RICHARD.)

CHŒUR.

Versons ! versons !
A Bacchus rendons hommage !
Vidons ! vidons !
Et remplissons nos flacons.

Rendons grâce au destin
Dont la puissante main
Protége le feuillage
Où mûrit le raisin :
Car, le fait est certain,
Sans le nectar divin,
Bonheur, plaisirs, soudain
Fuiraient le genre humain.

Versons ! etc.

Sot qui se désespère ;
Mais prudent
Celui qui dans son verre
Sait plonger le tourment.
En tout temps le vin
Excite au gai refrain ;
Il bannit de nos cœurs les soucis, le chagrin.
Nous ne souffrons plus ;
Le rougeaud Bacchus
Pour nous guérir est un bon médecin.
Rendons grâce ! etc.

Versons ! etc.

Qui, près d'un sexe aimable,
Rend badin ?
Qui fait briller la table ?
C'est encore le vin.
En vain au dieu fûté
Agnès a résisté,
Dès que ce breuvage par elle est goûté,
Ses soins sont perdus.
Le joyeux Bacchus,
Protégeant l'Amour, fait trève aux refus.
Rendons grâce, etc.

Versons ! etc.

Il est un fait notoire :
Sans le vin ,
Le monde , fait pour boire ,
Ne serait plus demain.
Rendons grâce , etc.

Versons ! etc.

En tout temps le vin
Excite au gai refrain ;
Il bannit de nos cœurs les soucis , le chagrin.
Nous ne souffrons plus ;
Le rougeaud Bacchus
Est pour nous guérir un bon médecin.
Rendons grâce au destin
Dont la puissante main
Protége le feuillage
Où mûrit le raisin :
Car le fait est certain ,
Sans le nectar divin ,
Bonheur, plaisirs , soudain
Fuiraient le genre humain.

Versons ! versons !
A Bacchus rendons hommage !
Vidons ! vidons !
Et remplissons nos flacons.

LES BAVARDAGES.

Air : J'ai vu la Meunière.

Les femmes, ainsi qu'autrefois,
  Ne sont pas muettes;
Car de tous côtés je les vois
  Tailler des bavettes...
Et pour ne pas heurter de front
  D'antiques usages,
  Que de bavardages
  Les commères font !

Femmes de parler sans besoin,
  Jamais ne se lassent;
Le parent, l'ami, le voisin,
  Par leur langue passent...
Elles dénigrent sans raison
  Jusqu'à leurs ménages...
  Que de bavardages
  Les commères font !

Quel est ce monsieur si bien mis ?
    Est-il de noblesse ?
Dans les salons il est admis :
    D'où vient sa richesse ?
Qu'en dites-vous ? — Je crois qu'au fond
    Ça vient d'héritages...
    Que de bavardages
    Les curieux font !

Hortense a brisé ses verroux...
    Soudain voyez comme
Elle fuit son tuteur jaloux
    Pour suivre un jeune homme,
Qui la conduit du phaéton
    Dans de verts bocages...
    Que de bavardages
    Les grisettes font !

Que j'aime à suivre des journaux
    L'adroite tactique !
Vraiment j'admire ces héros
    De la politique,
Qui, suivant leur opinion,
    Barbouillent leurs pages !...
    Que de bavardages
    Les gazetiers font !

Si l'on alarme nos États
  Par des bruits sinistres,
Restons d'accord... n'accusons pas
  Nos prudens ministres...
Car... je termine ma chanson
  Et mes verbiages.
  Que de bavardages
  Les chansonniers font !

LE POUVOIR DE LA CHANSON.

Chantons ! mes chers amis , chantons !
  Sans trouble jouissons ;
Que les refrains de nos chansons
Déroutent la tristesse...
  A table célébrons
  Le vin et la tendresse.

Au dessert joyeux carillon
  Nous met à l'unisson ;
Papa , maman , fille , garçon ,
  Ont l'humeur guillerette ,
  Et chacun sans façon
  Pousse sa chansonnette.

On ne saurait nier du chant
  Le pouvoir éclatant.

Souvent par un couplet galant
   On plaît, on intéresse ;
   On triomphe, en chantant,
   Du cœur d'une maîtresse.

D'Orphée aux enfers descendu
   Le fait est bien connu :
On vit cet amant éperdu
   En tirer sa conquête...
   En fût-il revenu
   Sans une chansonnette ?

Sans effroi le noble guerrier
   Brave un feu meurtrier ;
Et, moissonnant plus d'un laurier
   Dans les champs de la gloire,
   Chante, en main l'olivier,
   La paix et la victoire.

Que de faits je pourrais citer,
   Qu'on ne peut contester...
Mais je sens qu'il faut m'arrêter...
   Et je commence à croire
   Qu'à force de chanter,
   Il est bien temps de boire.

LES PREMIERS SERONT LES DERNIERS

ET LES DERNIERS LES PREMIERS.

Air . Donnez-vous la peine d'entrer.

Jésus parfois à ses apôtres
Tenait des discours singuliers.
Un jour il leur disait, entre autres ,
« Les derniers seront les premiers.
« Du ciel suivez la sainte route ,
« Vous deviendrez ses héritiers. »
Et puis à ces mots il ajoute :
« Les premiers seront les derniers. »

Je n'eus jamais l'âme bigote ,
Sermons ne me font pas courir.
De Momus vive la marotte !
Mieux vaut chanter que discourir.
J'en atteste joyeuse troupe
De francs buveurs , de chansonniers :
Nous vidons gaîment notre coupe...
Les derniers valent les premiers.

Autrefois Jean suivait son maître :
Maintenant son maître le suit.
Quand deux jumeaux viennent à naître,
Le premier qui sort du déduit
Est le cadet ; l'aîné se trouve
Celui qui ferme les quartiers.
Voilà, certe, un fait qui nous prouve
Que les premiers sont les derniers.

Fille qui livre sa jeunesse
A l'amour d'un riche vieillard ;
Femme qui fait avec adresse
Pour de l'or son mari c.......
Beautés, dont le contraint sourire
Agace tant de cavaliers,
Chez vous sans doute on ne peut dire :
Les premiers seront les derniers.

Enfin parlons de notre histoire,
De l'histoire des vrais joyeux :
La chansonnette nous fait boire ;
Bacchus nous met au rang des dieux.
Narguons une sotte étiquette !
Gargarisons bien nos gosiers...
Ouvrons et fermons la Goguette :
Soyons les premiers, les derniers.

COMME VA LE MONDE.

Air : Que de Pantins !

Dans c' monde on dit qu' tout est bien :
   Drôl' d'affaire !
   J' vois l' contraire.
Chacun son avis… v'là l' mien ·
Qu' souvent ceux qu'ont tout n' font rien.

J' commenc' par moi… Sans hyperbole,
Je vous dirai tout bonnement
Qu' j'ai ben du mal, pas une obole…
Mon voisin flâne, y r'gorg' d'argent.
   Dans c' monde, etc.

Après vingt ans d' travail pénible,
George avait d'vant lui queuq's deniers ;
Y n'a pus rien, c'est ben sensible,
L'zavocats s' font ses héritiers.
   Dans c' monde, etc.

Mariez-vous , célibataire ;
Ça vous rendra gai comm' pinson...
Et dans six mois, si vous êt's père ,
Pour vous, ce r'frain s'ra de saison :
    Dans c' monde , etc.

Un brave aux rangs enn'mis s'élance ,
Prend un drapeau... Mais , sans pudeur,
Son chef souffle sa récompense...
Et *gagne* ainsi la croix d'honneur.
    Dans c' monde , etc.

Au théâtre aussi l'on nous triche...
D'un' pièce on dit l' sujet usé...
L' malin directeur, sur l'affiche ,
S' fait l' père d' l'enfant refusé.
    Dans c' monde , etc.

Je ne cesserais pas d'écrire
Si j'énumerais tous les cas...
Puis, t'nez, j'ai peur, faut ben vous l'dire,
De m' mett' dans queuqu' chien d'embarras.

    Dans c' monde on dit qu' tout est bien ,
        Drôl' d'affaire !
        J' vois l' contraire.
    Chacun son avis... v'là l' mien :
    Qu' souvent ceux qu'ont tout n' font rien.

L'AMOUR EST LA.

Air de la Grippette.

Tant qu'ici l'on verra
Briller à table
Un sexe aimable,
Toujours on y viendra,
Et l'on dira :
L'Amour est là !

Mes amis, redoublons d'ardeur,
Chantons la gloire de nos dames !
Nous leur devons notre bonheur ;
Elles seules charment nos âmes !
Tant qu'ici, etc.

Pour nous former un paradis
Qui dans tous les temps sût nous plaire,
Tout exprès l'Éternel a mis
Le sexe féminin sur terre.
Tant qu'ici, etc.

En dépit d'un trait peu malin [1],
Malgré les discours de l'envie,
Femmes, même à votre déclin,
Vous nous faites chérir la vie.
    Tant qu'ici, etc.

Oui, l'on vous aimera toujours,
Partout on fêtera vos charmes;
Tant que Phébus suivra son cours,
Partout on vous rendra les armes!
    Tant qu'ici, etc.

Venez, au gré de nos désirs,
Répandre en ces lieux l'allégresse!
Venez partager nos plaisirs!
Nous chanterons avec ivresse:
    Tant qu'ici l'on verra
      Briller à table
      Un sexe aimable,
    Toujours on y viendra,
      Et l'on dira:
      L'Amour est là!

[1] On doit se rappeler qu'un plaisant fit inscrire au bas de son enseigne, sur laquelle était peinte une femme sans tête : AU BON RESTE.

A QUOI BON SE METTRE EN COLÈRE ?

MOT DONNÉ.

Air de la Colonne.

Ma Muse long-temps paresseuse
Va reprendre un nouvel essor ;
Grâce à l'ordonnance joyeuse,
Je vais gaîment chanter encor.
Le sort jaloux dût-il me faire
Éprouver les plus rudes coups,
Je veux répéter avec vous :
A quoi bon se mettre en colère ?

Aiguillonés par la Folie,
Agitons ses bruyans grelots,
Et de l'éclair de la saillie
Frappons les méchans et les sots.
Sans égard pour la plainte amère
D'un censeur nous lançant ses traits,
Ripostons par ce cri de paix :
A quoi bon se mettre en colère ?

Si nous perdons une maîtresse ,
Si l'amitié trahit nos vœux ,
Recevons ce coup sans faiblesse ,
Nous pourrons encore être heureux.
Conservons un beau caractère ;
Mes amis, ne nous fâchons pas :
Pour une folle et des ingrats ,
A quoi bon se mettre en colère ?

Lorsque nos foyers domestiques
D'étrangers étaient assaillis ,
On vit des hommes fanatiques
Jouir des maux de leur pays.
Mais tout Français au cœur sincère ,
Déplorant ces lâches excès ,
Dit alors : « Plus tard le succès ! »
A quoi bon se mettre en colère ?

Sur le tillac où Caron guette
Le joyeux et le bon luron ,
Puissé-je monter en goguette ,
En fredonnant une chanson !
Puissé-je à mon heure dernière ,
Embrassant la noire Alecto ,
Redire ainsi mon *Memento* :
A quoi bon se mettre en colère ?

QUI N'ENTEND QU'UNE CLOCHE
N'ENTEND QU'UN SON !

Air : Au boulevard du Temple.

Dans ce monde baroque
Ou chacun se provoque
Pour un *oui*, pour un *non* ;
Où selon sa caboche
Chacun prétend avoir raison ;
Qui n'entend qu'une cloche,
Amis, n'entend qu'un son.

Le rimeur Boniface
Des Muses du Parnasse
Se dit le nourisson ;
Il tire de sa poche
Couplets sans rime ni raison.
Qui n'entend qu'une cloche,
Amis, n'entend qu'un son.

Il court qu'en son ménage
Florimont fait tapage ;
A ce bruit on répond
Qu'à grands coups de galoche
Sa femme lui rabat le ton...
    Qui n'entend qu'une cloche,
    Amis, n'entend qu'un son.

Jamais, dans son village,
Pauline, fille sage,
Ne connut un garçon ;
Voilà qu'un petit mioche
Vient confirmer certain soupçon...
    Qui n'entend qu'une cloche,
    Amis, n'entend qu'un son.

Naguère à sa vaillance
Un guerrier de la France
Dut l'éclat de son nom.
Sans remords, sans reproche,
Doit-il descendre chez Pluton ?...
    Qui n'entend qu'une cloche,
    Amis, n'entend qu'un son.

On convient qu'à l'église
Chaque jour on voit Lise

Combattre le démon ;
Pourtant on lui reproche
D'être au bal plutôt qu'au sermon...
Qui n'entend qu'une cloche ,
Amis , n'entend qu'un son.

Enfin le ministère
Pour nous est un bon père :
C'est un mot du salon.
Je veux que l'on m'accroche ,
Si ce fut jamais là son nom.
Qui n'entend qu'une cloche ,
Amis , n'entend qu'un son.

LES RIDEAUX.

MOT DONNÉ.

AIR : Allez prendre les Eaux d'Enghien.

Quel fut le mortel sur la terre
Qui le premier les inventa ?
A pénétrer ce grand mystère
En vain le désir m'excita.
Ne croyez pas que je m'en flatte,
Quand nos savans, dans leurs travaux,
N'ont encor pu trouver la date
De l'origine des rideaux.   *bis*.

Ici recevez mon hommage,
Honneur à vos soins délicats !
Filles de Dieu, dont le courage
Vers le malheur guide les pas :
Pour panser les nobles blessures
Des soldats et des généraux.
Vos mains généreuses et pures
Déchiraient jusqu'à vos rideaux.

L'égoïste dont l'âme vile
Refuse au pauvre un peu de pain,
Rarement sommeille tranquille;
C'est le sort de l'homme inhumain.
Mais celui dont la bienfaisance
De l'indigent calme les maux,
Béni par la reconnaisance,
Repose en paix sous ses rideaux.

Sous les rideaux la sympathie
Attire deux cœurs satisfaits;
On y sourit à son amie,
On rend hommage à ses attraits...
Morphée y glisse l'imposture
Par des songes originaux;
Enfin (c'est la loi de nature)
On naît, on meurt sous les rideaux.

Lourds ou légers on les peut faire :
Rideaux de draps, rideaux de peaux;
Rideaux et de tôle (1) et de verre (2),
Voilà bien les plus lourds rideaux !
Rideaux de gaze et de dentelles,

(1) Le théâtre de l'Odéon, depuis son dernier incendie.
(2) Le théâtre du Panorama-Dramatique

Rideaux de soie à fins carreaux,
Les voiles mêmes de nos belles,
Voilà les plus légers rideaux !

Du fond de la sombre retraite
Où nous descendons tour à tour,
On dit qu'au son de la trompette
Nous nous réveillerons un jour.
Les animaux, la femme, l'homme,
Tous sortiront de leurs tombeaux.
Heureux qui du ciel verra comme
Pour lui s'ouvriront les *rideaux*.

PROJET DE CONVERSION D'UN BUVEUR [1].

CHANSON DE TABLE.

Je vous tiendrai, sermens jusqu'alors superflus;
De la raison écoutant le langage, *bis*.
Je veux fuir désormais les poisons de Bacchus,
Et mériter (*bis*) le beau surnom de sage.

Amis, versez! versez pour cette fois! *bis*.
Si je rends encore hommage
A ce perfide breuvage,
C'est le dernier coup que je bois! *bis*.
Que je bois! *bis*.

Quel triste sort, hélas! que celui d'un buveur!
Il brave tout quand il est dans l'ivresse :
Honteux le lendemain si vous sondez son cœur,
Vous le trouvez déplorant sa faiblesse!
Amis, versez! etc.

[1] La musique de cette chanson est de J.-H. GAUPP, professeur d'harmonie et berger de Syracuse, et se trouve chez LEMOINE, marchand de musique.

Dans un excès de vin, ô nuit pleine d'horreur !
De ses enfans, Loth a souillé les charmes ;
Alexandre enivré perça dans sa fureur, *bis*.
Le preux Clitus, son vieux compagnon d'armes.
Amis, versez ! etc.

Je l'ai dit ; c'en est fait : tu ne m'y prendras plus !
De tant de maux quand ton histoire abonde,
Je renonce à l'honneur d'être un de tes élus :
D'autres sans moi seront l'effroi du monde !
Amis, versez ! versez pour cette fois !
Si je rends encore hommage
A ce perfide breuvage,
C'est le dernier coup que je bois !
Que je bois !

ÇA BRANLE DANS LE MANCHE.

Air du pas redoublé.

Je vais par un nouveau refrain
  Me remettre en campagne ;
Mais on me verra hors de train
  Si l'on ne m'accompagne.
Du chorus l'aimable abandon
  Plaît par sa gaîté franche...
Or, mes amis, répétez donc :
  Ça branle dans le manche.

Il fut un temps où le bonheur
  Habitait sur la terre ;
L'homme alors chérissait l'honneur,
  Il secourait son frère :
On traitait avec loyauté...
  Mais comme on en retranche...
Honneur, franchise, humanité...
  Ça branle dans le manche.

Sagesse, esprit, talens, gaîté,
    Grâces, noble langage,
Telle on vit jadis la beauté
    Briguer notre suffrage...
Mais aujourd'hui trop librement
    Son faible cœur s'épanche ;
Grâce, esprit, vertus, enjoûment...
    Ça branle dans le manche.

Blanche n'a pas encor seize ans ;
    Orgon passe soixante ;
Il est riche à cent mille francs :
    C'est un parti qui tente...
Demain le vieillard amoureux
    Sera l'époux de Blanche...
L'hymen le rendra-t-il heureux ?...
    Ça branle dans le manche.

Plus d'un disciple de Bacchus
    En désertant la table,
Oubliant les coups qu'il a bus,
    Se croit inébranlable.
Mais en regagnant sa maison,
    D'argent sa bourse franche,
Son corps chancelle... et sa raison...
    Ça branle dans le manche.

6.

GLOIRE A BACCHUS! GLOIRE AU VIN!

Air : Quand papa Lapin mourra.

REFRAIN.

(Il se répète à la fin de chaque couplet.)
Bénissons notre destin !
  Bacchus nous verse à boire !
Suivons son culte divin ;
  Chantons sa gloire
    Et le vin !

    Combien Noé
Des buveurs paraît digne !
  Qu'il soit loué !
Car il planta la vigne.

    Joyeux Momus,
Ta gaîté brille à table ;
  Grâce au doux jus,
Les soucis vont au diable.

De vins formons
Une bibliothèque ;
Sur eux prenons
La première hypothèque.

Qu'un médecin
Cherche ailleurs des malades !
Avec le vin
Bravons les limonades.

A la beauté
Vous qui rendez hommage !
La volupté
Réside en ce breuvage.

Maris jaloux
D'une femme coquette,
Guérissez-vous :
Voilà notre recette !

Gais chansonniers,
Montrez votre cohorte !
Durs créanciers,
Que Satan vous emporte !

Dans nos caveaux
Accourez, joyeux chantres;
Pour nos tonneaux
Triplez vos larges ventres !

Rois, sous vos toits
C'est l'ennui qu'on rencontre;
Mais où je bois
Franche amitié se montre.

Quand nous serons
Ronds comme pommelettes,
Nous roulerons
Jusques à nos couchettes.

Ah ! si pour nous
Se lève une autre aurore,
Que nos glous glous
Recommencent encore !

Bénissons notre destin !
Bacchus nous offre à boire !
Suivons son culte divin ;
Chantons sa gloire
Et le vin !

J'Y TIENS BEAUCOUP, JE N'Y TIENS PAS.

Air : Ça va bon train.

Un vrai joyeux par caractère
Ne doit pas vivre comme un loup :
Or, la société m'est chère,
    J'y tiens beaucoup.　　*bis.*
Mais sitôt que j'y vois paraître
De ces faquins à grand fracas,
Sots qui tranchent du ton de maître,
    Je n'y tiens pas.　　*4 fois.*

Chante-t-on dans un cercle aimable
Couplets malins, enfans du goût,
Je ne quitterais plus la table,
    J'y tiens beaucoup.
Qu'à mon oreille émerveillée
Succèdent des chants froids et plats,
Je dis, maudissant la veillée,
    Je n'y tiens pas.

A dix-huit ans, fille modeste
Est un trésor, est un bijou;
Mes bons amis, je vous l'atteste,
   J'y tiens beaucoup.
Mais lorsque après le mariage,
Cet objet si rempli d'appas
Se montre perfide et volage,
   Je n'y tiens pas.

Lorsqu'un luron me fait comprendre
De le suivre pour boire un coup,
A son désir prompt à me rendre,
   J'y tiens beaucoup.
Mais au fou qui veut sans mystère
Mettre ma cervelle en éclats,
Moi je risposte : allez vous faire...
   Je n'y tiens pas.

Je vous dois un avœu sincère,
Amis de l'aimable glou glou,
Si ma chanson a su vous plaire,
   J'y tiens beaucoup.
Mais, par un effet tout contraire,
Si vous en faites peu de cas,
Vous savez ce qu'on peut en faire...
   Je n'y tiens pas.

POISSON D'AVRIL, 1830.

Air : Ce qu'on ne trouve pas chez moi.

Dans un songe la mort me frappe,
Je sens mon être anéanti ;
Poussé sur l'infernale trappe,
Bientôt mon corps est englouti.
Mais le jour, de ma rêverie,
Me tire... et me frottant le cil,
Bien portant, joyeux, je m'écrie :
C'est encore un Poisson d'avril ! *ter.*

Un général dont le courage
Offrit un triste échantillon,
Va d'une barbaresque plage
Punir l'insolent pavillon.
Pour prouver à l'Europe entière
Qu'il brava toujours le péril,
Il veut mourir sous sa bannière,
C'est encore un Poisson d'avril !

On nous berce de l'espérance
Que nous verrons combler nos vœux,
Et qu'un jour notre belle France
Ne comptera que des heureux.
Nous l'attendons, ce jour prospère!...
Mais, sans avoir l'esprit subtil,
On peut pénétrer le mystère....
C'est encore un Poisson d'avril.

Des journalistes la franchise
Des Gascons la véracité,
La bonne foi des gens d'église,
Des amans la sincérité,
La constance de leurs maîtresses,
L'humanité d'un alguazil,
Et souvent des rois les promesses
Sont encor des Poissons d'avril.

PLUMER LA POULE SANS LA FAIRE CRIER.

Air : Ah! donnez quelque chose, etc.

Sur ce globe mobile
Où Dieu nous exila ,
Des talens qu'entre mille
Le hasard nous combla ,
Celui que , dans la foule ,
On doit apprécier,
C'est de plumer la poule
Sans la faire crier.

Amis de la goguette ,
Voyez de gais lurons
S'électriser la tête
Du feu de vingt flacons.
Tandis que le vin coule
L'adroit cabaretier
Chante : Plumons la poule
Sans la faire crier.

Plaidez en confiance !...
Les *renards* du palais
Vont vous jurer d'avance
Qu'ils ne perdent jamais.
Hélas !... votre or s'écoule,
Car le fin du métier,
C'est de plumer la poule
Sans la faire crier.

Jeune et gente fillette,
Surtout n'oubliez pas
Qu'en jouant sur l'herbette
On peut faire un faux pas.
On se pousse, on se roule,
Et l'amant minaudier,
Zeste, plume la poule
Sans la faire crier.

Reims, dans ta métropole,
De Rome on suit les lois;
D'huile on garde une fiole
Pour le sacre des rois.
Grâce à la sainte ampoule,
Grâce au saint bénitier,
Ces rois plument la poule
Sans la faire crier.

Nous avons vu nos braves
Vaincre les ennemis,
Et devenir esclaves
De leurs jeunes houris.
Dans les blés, les ciboules,
Dans la cave, au grenier,
Qu'ils ont plumé de poules
Sans les faire crier !

PRENONS LE TEMPS COMME IL VIENT.

Air : *J'arrive à pied de province.*

Partout on crie, on murmure,
On se plaint du temps ;
Je ne vois dans la nature
Que des mécontens.
Pour moi qui ne puis comprendre
D'où ce mal provient,
Je vais chanter : *Il faut prendre*
Le temps comme il vient !

Pour l'or Harpagon soupire,
Paul rêve grandeur ;
Chacun croit dans son délire
Saisir le bonheur.
Mortels, il faut vous apprendre
Comme on y parvient !
Le grand secret... c'est de prendre
Le temps comme il vient !

Jusqu'à cinquante ans Lucelle
   Méprisa l'amour :
Aujourd'hui l'ancienne belle
   Brûle sans retour.
Voyez donc à trop attendre
   Ce qu'il en revient !
Jeunes beautés... il faut prendre
   Le temps comme il vient !

Dumont apprend de sa femme
   L'infidélité ;
Il veut punir de l'infame
   La témérité.
On croit qu'il va tout pourfendre !...
   Mais... il se retient...
En bon époux il sait prendre
   Le temps comme il vient !

Mes amis, vous savez comme
   Noé fit le vin ;
Avouons que ce brave homme
   Fut bon médecin :
Ah ! que ne peut-il m'entendre !...
   Mais la soif me tient...
Buvons !... c'est l'instant de prendre
   Le temps comme il vient !

7.

Du voyage de la vie
　Égayons le cours ;
Que l'Amour et la Folie
　Filent tous nos jours.
Trop habile à nous surprendre,
　Quand la mort survient,
On est bien forcé de prendre
　Le temps comme il vient !

LES JOURS SE SUIVENT,

MAIS ILS NE SE RESSEMBLENT PAS.

A ir : Quand on s'y prend si poliment.

C'est en vain que les faits instruisent.
Rien ne corrige les humains ;
La folie et l'erreur conduisent
Constamment leurs pas incertains.
Si les beaux projets qu'ils poursuivent   *bis.*
En un instant sont mis à bas ,   *bis.*
Messieurs, c'est que les jours se suivent ,
Mais ils ne ressemblent !pas.

Tel que l'on citait comme un ange ,
Et qui partout prêchait la paix ,
Aujourd'hui que la scène change ,
Est en butte aux plus malins traits.
Contre lui des méchans écrivent
Qu'il cause d'injustes débats...
Vous le voyez, les jours se suivent.
Mais ils ne se ressemblent pas.

Quand nous sommes dans l'opulence ,
Nous avons de nombreux amis ,
Du luxe , une folle dépense ,
Tous les plaisirs nous sont permis.
Mais dès que les malheurs arrivent ,
Loin de nous on fuit à grands pas...
Amis ingrats , les jours se suivent ,
Mais ils ne se ressemblent pas.

Beautés , dont la vertu sauvage
Repousse un tendre sentiment ,
Craignez un éternel veuvage ,
Vous ne régnez qu'un seul moment !
Vos charmes en vain nous captivent ,
Les ans flétriront vos appas...
Et vous direz : Les jours se suivent ,
Mais ils ne se ressemblent pas.

Lise feignait d'être rebelle
A l'amour du jeune Colin ;
Cet amant qui feignait comme elle
Se croit sûr du plus doux larcin.
Que de cuisans regrets survivent ,
Qu'il maudit d'imprudens ébats !...
Amans ! amans ! les jours se suivent ,
Mais ils ne se ressemblent pas.

Rois jaloux de votre puissance,
Mesurez bien vos actions,
Thémis pèse dans sa balance
Vos droits et ceux des nations.
Sachez que si vos mains nous rivent
Des fers qu'on peut mettre en éclats...
Fiers potentats ! les jours se suivent.
Mais ils ne se ressemblent pas.

Plus tard nous ferons pénitence !
Aimons, buvons, chantons, rions,
Embellissons notre existence,
Et comme les jours varions.
Mes amis, les plaisirs s'esquivent ;
Saisissons-les jusqu'au trépas !...
Car ici-bas les jours se suivent,
Mais ils ne se ressemblent pas.

CANTATE

Composée à l'occasion de l'ouverture des Chambres.

(1828.)

Musique à faire.

CHOEUR.

Français ! Français ! en ce jour solennel,
Ouvrons nos cœurs à l'espérance ;
Et, pour le bonheur de la France,
Portons nos vœux aux pieds de l'Éternel !

Roi sans rivaux, grand monarque du monde,
De nos malheurs suspends le triste cours !
Fais éclater ta puissance féconde !
Fais que nos jours de deuil se changent en beaux jours !
Inspire à tous les cœurs l'amour de la patrie ;
Et réponds à la voix d'un peuple qui te prie !

CHOEUR.

Français ! etc , etc.

Il nous entend !... Alors on voit paraître
Un noble essaim de Français généreux ;
Par leur grande âme ils se sont fait connaître !

Soutiens de leur pays, l'honneur marche avec eux...
Favoris de Thémis, favoris de Bellone,
Ces Français défendront la Charte et la couronne !
CHOEUR.

Français ! etc., etc.

Ils ont parlé ces géans du génie,
Ces orateurs fameux et respectés !
A leur appel, les Arts et l'Industrie
Ont repris leur essor... Nos droits, nos libertés,
Acquérant chaque jour une force nouvelle,
Le trône s'affermit, et Loyola chancelle.
CHOEUR.

Français ! etc., etc.

Fils d'Escobar ! tyran des consciences,
N'espérez plus abuser les humains !...
Ignore-t-on vos forfaits, vos vengeances ?
Le sang de plus d'un roi rougit encor vos mains !...
Votre règne est passé, race trop criminelle !
L'enfer vous a vomis, que l'enfer vous rappelle !
CHOEUR.

Français ! etc., etc.

En frémissant le Fanatisme expire...
Il disparaît !... et la Religion,
Source de biens, ressaisit son empire.
Soudain un cri de joie émeut la nation !
Tout renaît !... tout s'anime !... et la France prospère
Donne un signal de paix aux peuples de la terre !
CHOEUR.

Français ! etc., etc.

Pairs courageux, députés énergiques,
Fondez, créez de généreuses lois ;
Faites cesser nos discordes publiques :
Et, devenant l'appui des peuples et des rois,
Que vos noms glorieux, consacrés dans l'histoire,
S'inscrivent par l'Honneur au Temple de Mémoire !

CHŒUR.

Français ! Français ! en ce jour solennel,
Ouvrons nos cœurs à l'espérance ;
Et , pour le bonheur de la France ,
Portons nos vœux aux pieds de l'Éternel !

FIN DE LA PREMIÈRE PARTIE.

LES GRELOTS

de

LA FOLIE.

Chansonnier de 1838.

—

DEUXIEME PARTIE. — L.-M. RONJON.

8

A MONSIEUR SELLIER,

PRÉCEPTEUR

A L'INSTITUTION LEMAIRE,

A LA VILLETTE.

—

Hommage de mon respect,

de ma reconnaissance et de mon amitié.

RONJON.

LES GRELOTS

DE

LA FOLIE.

PAN PAN BACHIQUE.

Air : Moi, je règle le sentiment
Sur la marche du régiment.

Ne pouvant marcher sur les traces
De nos chansonniers pleins de graces,
Laujon, Béranger, Désaugiers,
Et leurs immortels devanciers,
Amis, mon but est de vous plaire :
Si ma gaîté peut vous distraire,
Avec moi répétez souvent :
Pan pan, pan pan, pan pan, pan pan. } *bis.*

8.

O vous, censeurs atrabilaires !
Écoutez le bruit de nos verres ;
Si nos chants vous rendent jaloux.
Accourez faire comme nous :
Jetez le fouet de la satire,
Avec nous venez boire et rire ;
Entonnez ce refrain charmant :
Pan pan, pan pan, pan pan, pan pan.

Damis, qu'une immense richesse
Plonge aujourd'hui dans la tristesse,
S'endort et meurt sur ses écus ;
Croyez-moi, ce nouveau Crésus,
S'il entendait dans cet asile
Chanter un joyeux vaudeville,
Voudrait dire avec nous gaîment :
Pan pan, pan pan, pan pan, pan pan.

Lorsque la cloche du village
Célèbre un joli mariage,
Un essaim de jeunes beautés
Conduit nos époux enchantés.
Pour un couple sexagénaire,
La cloche au loin ne s'entend guère...
Le battant fait légèrement :
Pan pan, pan pan, pan pan, pan pan

Voulant obéir à sa mère,
Lise épouse le vieux Valère;
Partout on plaint ce beau tendron
De coucher avec un barbon :
Mais un galant qu'Amour transporte,
Vient bientôt frapper à sa porte...
Du doigt il fait tout doucement :
Pan pan, pan pan, pan pan, pan pan.

Si le Moscovite, en colère,
Venait nous déclarer la guerre;
Si le Prussien et l'Autrichien
Voulaient nous faire un *coup de chien*...
Les Français, avec leur bannière,
Seraient soudain à la frontière;
Leurs fusils feraient à l'instant :
Pan pan, pan pan, pan pan, pan pan.

Quoi ! je vois déjà la *Camuse*
Qui vient m'arracher à ma muse !
« Allons, dit-elle, il faut marcher;
Ce bas-monde il te faut quitter... »
Moi, je réponds à la *commère* :
« Je suis si bien sur cette terre !...
« Laisse-moi vivre encor, va-t'en :
« Pan pan, pan pan, pan pan, pan pan. »

LES JOURS GRAS.

CHANSONNETTE.

Air : Faute d'un moine, l'abbaye.

Puisque, dans ces jours de folie,
Chacun veut prendre ses ébats ;
Que, pour embellir notre vie,
Le plaisir nous ouvre ses bras...   *bis.*
Des masques voyant la cohue,
Moi, je crains qu'ils perdent l'esprit ;
Car j'entends crier dans la rue :
« A la chie-en-lit ! à la chie-en-lit ! »   *} bis.*

L'Amour est en bonne fortune ;
Ce dieu fripon sait nous charmer !
Dans le cœur de blonde et de brune,
Combien de traits il va lancer !...
Des larmes qu'il fera répandre,
Cupidon se moque et sourit ;
Il dit aux belles, d'un air tendre :
« A la chie-en-lit ! à la chie-en-lit ! »

Pour le bal (et c'est dans l'usage
De n'y paraître qu'à minuit),
Lucile quitte son ménage,
Un jeune masque la conduit...
Tandis que son époux sommeille,
Cette infidèle sort sans bruit :
« Bonsoir, lui dit-elle à l'oreille...
« A la chie-en-lit ! à la chie-en-lit ! »

Fanchonnette, Adèle et Claudine,
Pour aller avec leurs amans,
En s'esquivant à la sourdine,
Vont louer leurs déguisemens :
La vieille Mathurine enrage
De voir sa fille qui les suit :
« Maman, demain je serai sage...
« A la chie-en-lit ! à la chie-en-lit ! »

Pour rendre l'esquisse complète,
Chacun met au jour ses défauts ;
Jeunes et vieux sont en goguette,
Pauvres et riches sont égaux...
Mais, après ces trois jours de fête,
Il faut regagner son réduit ;
On dort... en rêvant l'on répète :
« A la chie-en-lit ! à la chie-en-lit ! »

Messieurs, voici ma chansonnette,
On ne peut en être envieux !
Sans doute elle n'est pas parfaite ;
Une autre fois je ferai mieux.
De maint travers mon thême abonde ;
Eh bien, puisqu'il est mal construit !
Contre moi criez à la ronde :
« A la chie-en-lit ! à la chie-en-lit ! »

L'HYMEN ET L'AMOUR.

COUPLETS

Chantés le jour du mariage de M. G*** et de
Mlle CATHERINE M***.

AIR : Ils sont couchés chez la mère Picard.

REFRAIN.

Chantons tour à tour
L'Hymen et l'Amour ;
Pour un couple heureux
Unissons tous nos vœux :
Par un gai refrain ,
Pour nous mettre en train ,
Chassons de ce lieu le souci , le chagrin.

Ah ! si parfois ma muse fut *badine* ,
Je m'en repens, c'était bien malgré moi ;
Mais aujourd'hui l'aimable CATHERINE
A mis ma lyre et mes vers en émoi !
Chantons tour à tour, etc.

Par sa gaîté, son enjoûment, ses charmes,
Elle plaira toujours à son époux :
En la voyant, Cupidon rend les armes ;
Pour son mari quel avenir plus doux !
    Chantons tour à tour, etc.

Vertu, beauté, tel est son apanage ;
L'on voit fleurir les roses sous ses pas.
Ah ! quel bonheur de l'avoir en ménage !
Heureux mortel ! c'est pour toi tant d'appas !
    Chantons tour à tour, etc.

Que dans neuf mois un fruit du mariage,
Vienne chez vous, joyeux et bien portant ;
Car les amours et les jeux, à votre âge,
Le jour, la nuit, vous plairont constamment.

    Chantons tour à tour
    L'Hymen et l'Amour ;
    Pour un couple heureux
  Unissons tous nos vœux :
    Par un gai refrain
    Pour nous mettre en train,
Chassons de ce lieu le souci, le chagrin.

LA TABLE HEUREUSE.

COUPLETS

Chantés par M.*** le jour de sa réception à la Société
des *Amis de la Gaîté Française*.

———

Air : Entendez-vous le son de la musette? etc.

Pourquoi faut-il ici-bas que l'envie
Tourmente l'homme et le mette en émoi ;
Qu'à chaque instant il expose sa vie
Ponr des trésors, des faveurs, un emploi?
Bannissant toute humeur malencontreuse,
Douce Gaîté, viens ici m'inspirer !
Puisque je suis à cette table heureuse.
Il ne me reste rien à désirer.   *bis*.

Quel est cet homme au visage sinistre?
Par sa fortune il se croit important :
Ah ! je devine... il veut être ministre !...
Un fol espoir l'abuse en ce moment !

9

Je n'ai jamais l'âme sombre et rêveuse,
Douce Gaîté, viens ici m'inspirer !
Je suis admis à cette table heureuse,
Il ne me reste rien à désirer.

Un philosophe, ennemi de la joie,
Mourant d'ennui, ne buvant que de l'eau,
Lorsque chez vous la chanson se déploie,
Tremble et s'enfuit à l'aspect d'un tonneau...
Mais au refrain d'une ronde joyeuse,
Momus, ici, saurait bien l'inspirer !
S'il s'asseyait à cette table heureuse,
Il n'aurait rien, je crois, à désirer.

Puisque je suis inscrit sur votre liste,
Amis, trinquons, buvons, chantons en chœur !
Pour qu'ici-bas jamais rien ne m'attriste.
Je vois briller l'astre de mon bonheur !
Sexe enchanteur, à l'humeur gracieuse,
Venez, venez, vous saurez m'inspirer !
Restez toujours à cette table heureuse,
Et nous n'aurons plus rien à désirer.

On dit qu'il faut profiter de la vie,
Savoir chasser les chagrins, les tourmens;
Fêter Bacchus, l'Amour et la Folie,
Enfin, narguer le Destin et le Temps...

Si , dans ce jour, la Parque rigoureuse
De ce caveau venait pour m'arracher,
Qu'elle s'enivre à cette table heureuse ,
Et je n'aurai plus rien à désirer !

IMPROMPTU

FAIT AU COMMENCEMENT D'UN REPAS DE FAMILLE.

Air : Suzon sortait de son village, etc.

Venez chez nous, parens aimables,
Venez chez nous, amis si doux !
Venez chez nous faire les diables,
Venez chez nous faire les fous :
    Venez chez nous,
    Accourez tous;
Sans vous gêner, faites comme chez vous !
    Mangeons, buvons,
    Rions, chantons;
    Nous cesserons
    Quand nous serons
      Bien ronds...
Puisque le plaisir nous rassemble,
Sachons gaîment nous festoyer.
Amis, tâchons de profiter
Du bonheur d'être ensemble.

La Saint-Jean Porte-Latine.

NE CÂLONS PAS !*

COUPLETS

Chantés au banquet typographique, le 6 mai 1857.

———

Air : Mon galoubet, mon galoubet,
ou : Parlez-moi d' ça.

Ne câlons pas !   (*bis.*)
De SAINT JEAN célébrons la gloire ;
Il préside à notre repas :
Sans aller feuilleter l'Histoire,
Buvons, honorons sa mémoire.
Ne câlons pas !   (*4 fois.*)

* *Ne câlons pas !* expression typographique qui
signifie : ne restons point dans l'inaction.

9.

Ne câlons pas !
Allons, ma Muse, allons, ma Lyre,
Vous aimez les joyeux ébats....
Polymnie aujourd'hui m'inspire :
Rimons, chantons ; lorsqu'il faut rire,
    Ne câlons pas !

    Ne câlons pas !
Sachez qu'au *Rocher de Cancale*,
Sitôt qu'on apporte les plats,
Aucun Épicurien ne câle ;
Il dit, en vidant sa timbale :
    « Ne câlons pas ! »

    Ne câlons pas !
Voici des mets en abondance ;
Que faut-il faire en pareil cas ?...
—Buvons, mangeons, faisons bombance ;
Que chacun garnisse sa panse ;
    Ne câlons pas !

    Ne câlons pas !
Entonnons bourgogne et madère,
Pour reculer notre trépas.....
Grimaud* dit en prenant son verre,

* Grimaud de la Reynière, épicurien célèbre.

« Amis ! jusqu'à l'heure dernière,
     « Ne câlons pas ! »

          Ne câlons pas !
Faisons la cour à Zéphirine ;
Caressons ses jeunes appas...
Et si la belle se mutine,
Soyons toujours d'humeur badine.
          Ne câlons pas !

          Ne câlons pas !
Disent nos guerriers en campagne ;
Les lauriers croissent sous nos pas !
La Victoire nous accompagne ;
Elle est toujours notre compagne.
          Ne câlons pas !

          Ne câlons pas !
Car le Temps fuit à tire-d'aile ;
Il nous chassera d'ici-bas....
En attendant sa loi cruelle,
Le verre en main moquons-nous d'elle :
          Ne câlons pas !

LE FAUBOURIEN

A LA QUINZAINE JOYEUSE.

Air : Oui, j' suis bon-là, tout d' même à la papa.

Moi, qui n' connais pas la syntasque,
L'aut' fois j' voulais faire un' chanson.
    Un flon flon ;
V'là ma plum' qui tourn' sur son asque ;
    J' faisais des vers
Qui m' semblaient tout de travers...
C'pendant six couplets s'ront ma tasque.
    Je n' connais rien, *bis.*
    Je n' suis qu'un faubourien.

J'entends dir' qu'à l'Académie,
Là où c' qu'on r'çoit tous les savans
    Les plus *grands*,
On bâille, on dort, et l'on s'ennuie ;
    Chez les Joyeux
Je m' trouve cent fois mieux ;

L'on passe plus gaîment sa vie :
    Çà m' convient bien ,
  Car je suis faubourien.

J' n'aim' pas ces auteurs emphatiques ,
Dont les romanc' et dont les r'frains
    Sont lambins ;
Ces gens-là sont des empiriques ,
    Comm' les docteurs
Qui r'doublent nos douleurs :
Mais quant à nos auteurs bachiques ,
    J' les aimons bien ,
  J' suis un vrai faubourien.

Lorsque j' bois, faut voir les rasades ,
Comme ell's disparaiss' de ma main
    A grand train !
Quand j' suis avec mes camarades ,
    J' buvons, j' chantons ;
J' somm' de bons biberons :
Et quand il faut fair' des gambades ,
    J' suis un vaurien ,
  J' suis un franc faubourien.

J'aimons, j'adorons le beau sesque ;
Lorsque j' fais la cour à Fanchon .

C'est tout d'bon ;
Mais, morgué, je n' veux pas qu'on m' vesque
J' suis comm' un crin,
Quand j'entends un malin
Qui m' tient un langage perplesque...
Oui, nom d'un chien,
J' frappe en vrai faubourien !

Je n' cours pas après la fortune.
J' n'ambitionne pas les honneurs,
Les grandeurs :
L'opulence m'est importune ;
Je m' divertirai
Tout l' temps que j' vivrai.....
Quand j' subirai la loi commune,
Je n' laiss'rai rien,
J' s'rai mort en faubourien.....

L'ABSENCE,

ROMANCE.

Air : Berce mes jours, douce espérance !

Sur mon front est pâleur mortelle,
Dans mes yeux les pleurs ont tari ;
Mon esprit s'égare loin d'elle ;
Son nom sera mon dernier cri.
Vous, dont la tendresse est extrême,
Jamais n'éprouvez ma douleur !
Voir son amie est le bonheur ;
L'absence est la mort, quand on aime !.. (bis.)

Il n'est plus d'air pur sur la terre
Loin du souffle de la beauté ;
Au monde il n'est plus de lumière,
Si doux regard ne m'est jeté :
Tout disparaît, l'Amitié même
Perd son charme consolateur.
Voir son amie est le bonheur ;
L'absence est la mort, quand on aime !..

Souvenirs, vous n'êtes qu'un songe
Auprès de la réalité :
Ah ! qui peut vivre d'un mensonge,
Ne peut sentir la vérité....
Regrets, c'est un tourment extrême,
Le retour n'est qu'espoir trompeur :
Voir son amie est le bonheur !
L'absence est la mort, quand on aime....

COUPLETS

A L'OCCASION DE LA FÊTE DE M. CHARLES CAQUET

Air : Voilà la manière de vivre cent ans.

Ami, pour ta fête,
Sur un joyeux ton,
Je veux de ma tête
Faire une chanson...
Allons, en ce jour,
   Muse d'amour,
   Pour fêter Charles,
Ne fais pas défaut,
   Sache qu'il faut
   Que tu lui parles !
Déployons ici gaîment notre *caquet ;*
Chantons et buvons au confrère Caquet. } *bis.*

Lorsqu'une bouteille
Vient nous mettre en train,
Sa liqueur vermeille
Chasse le chagrin.

10

Buvant à long trait,
Ce jus parfait
Met en goguette;
Sur tout ce qu'on dit
Chacun médit,
Chacun caquette.
Grand Dieu! quel tapage dans un cabaret!
On n'entend, hélas! qu'un éternel *caquet!*

Voulant un peu rire
Sur divers propos,
Je laisse à ma Lyre
Saisir l'à-propos....
Mais, à vous, auteurs
Et francs-parleurs
La préséance;
J'aime la gaîté,
La vérité,
La bienséance.
Amis, n'allez pas me couper le *sifflet*,
Veuillez jusqu'au bout écouter mon *caquet.*

Voyez le délire
De nos céladons;
Chacun d'eux soupire
Dans les grands salons!

Pour faire l'amour.
  La nuit, le jour,
   A la brunette,
C'est à qui mieux mieux
  Dira ses feux
   A la grisette....
Ainsi qu'au moulin on entend le claquet,
On entend sans cesse leur maudit *caquet*.

  La coquette Rose
  Ressentait, un soir,
  Du mal... quelque chose
Qu'on ne peut prévoir :
Son corset, hélas!
  Ne rendant pas
   Sa taille fine...
Elle s'informa
  De ce mal-là
   Chez sa voisine :
« Pour neuf mois, ma chère, gardez le paquet ;
« Vous avez trop fait aller votre *caquet*... »

  Un luron, bon drille,
  Tenant un tendron,
  Monte à la Courtille
  Pour boire un flacon ;

En faisant des pas ,
    Des entrechats
    A la légère ,
Un jeune amoureux
    Fait les beaux yeux
    A sa bergère :
«Crois-moi, tir'ta cramp'ou j'te crève un quinquet,
«J'saurais ben, mon p'tit, t'rabaisser le *caquet*.

    Chez la boulangère ,
    Chez le savetier,
    Chez la charcutière,
    Chez le perruquier.
    Partout on n'entend
      A tout moment
      Que caquetage ;
    Que discours plaisans ,
      Parfois piquans ,
      Que bavardage...
Peu m'importe... lorsque j'ai du vin clairet ,
Sans peine j'arrose mon joyeux *caquet*.

    Amis , je m'arrête ,
    Car je vois déjà
    Quelqu'un qui s'apprête
    A dire : « halte-là !... »

Mais un jour viendra
Qu'il nous faudra
Passer la barque,
Faisons , par nos chants ,
Joyeux enfans,
Trembler la Parque ;
Et présentons-lui gaîment notre placet ,
Car nous n'aurons plus , hélas ! notre *caquet*.

COUPLETS

Improvisés dans un banquet , le 2 janvier 1837.

———

Air : Déguisez-vous , ne vous déguisez pas.

Au refrain d'une chansonnette ,
Quand vous êtes à la Goguette ,
Aux gais flons flons que vous aimez ,
    Applaudissez !   (*bis.*)
Mais pour une triste romance ,
Une ballade sans cadence ,
Sans esprit dans nombre de cas ,
    Messieurs , ne claquez pas !   (*bis.*)

Quand vous verrez un vaudeville
Renommé , chanté dans la ville ,
Dont les couplets sont répétés ,
    Applaudissez !
Pour un ennuyeux mélodrame ,
Ou bien un pitoyable drame ,
Dont au premier acte on est las ,
    Messieurs ne claquez pas !

Pour rendre la vie agréable ,
Jusqu'à demain restons à table ;
Fêtons Bacchus et les Amours ,
    Buvons toujours.
Qu'on apporte ici du madère ,
Champagne , bourgogne et tonnerre ;
De nos instans charmons le cours :
    Amis , versons toujours ,
    Amis , buvons toujours.

VOILA L' BONHEUR,

OU JE N' M'Y CONNAIS PAS!

Ronde villageoise.

Air : Toujours à l'œuvre on connaît l'ouvrier.

Dans les salons, à la cour, à la ville,
Les jeux, les ris, sont bannis des repas ;
Mais l'Amitié vient chez nous en famille,
Et le Plaisir nous presse dans ses bras !
Buvons, chantons, lorsque la gaîté brille,
Voilà l'bonheur, ou je n' m'y connais pas. *bis.*

Jeunes amans, près de votre bergère
Soyez constans ; pour vos heureux ébats,
Dans les vallons, sur la verte fougère,
Un beau printemps viendra guider vos pas...
L'Amour vous dit : « Pressez taille légère,
« Voilà l'bonheur. ou je n' m'y connais pas ! »

Mes chers amis, pour embellir la vie,
Chassons toujours les chagrins d'ici-bas :
Quand pour compagne on a femme jolie,
Ah ! qu'il est doux d'admirer ses appas !..
Le jour, la nuit, caresser son amie,
Voilà l' bonheur, ou je n' m'y connais pas !

LE VŒU DE MON CŒUR.

A mon ami, le jour de sa fête.

Air : Je suis Français, mon pays avant tout !

Parmi les fleurs qui sont dans un parterre,
Un jeune amant bientôt fixe son choix :
Pour en faire un bouquet à sa Glycère,
Il en ravit plus de vingt à la fois ;   *bis.*
Puis il en pare et son sein et sa tête,
Charmé de leur parfum, de leur douceur....
Je n'en ai qu'une à t'offrir pour ta fête, } *bis.*
Accepte-la, c'est le vœu de mon cœur ! }
    C'est le vœu, c'est le vœu de mon cœur !

Si d'Apollon je possédais la Lyre,
Je te ferais des vers dignes de toi,
Et je voudrais, dans un noble délire,
Te peindre mes sentimens et ma foi !

Mais je n'ai point puisé dans l'Hippocrène
Source d'esprit , fontaine du bonheur....
Mon amitié n'en est pas moins certaine ,
Accepte-la, c'est le **vœu** de mon cœur !
   C'est le vœu, c'est le vœu de mon cœur !

Enfin, pour mieux te parler sans emphase ,
Et terminer ces trop faibles couplets ,
Je le sais bien , il ne faut qu'une phrase
Pour t'exprimer mes sincères souhaits.
Jean , d'un ami connais le caractère ,
Il n'est jamais mensonger ni flatteur :
Si, dans ce jour , mon estime t'est chère ,
Accepte-la , c'est le vœu de mon cœur !
   C'est le vœu, c'est le vœu de mon cœur !

A MADELEINE.

Couplets chantés à Saint-Germain-en-Laye.

Air : Tout le long, le long, le long de la rivière.

Qu'un auteur fasse une chanson,
Parfois sans rime ni raison ;
Qu'il chante Paul, Pierre ou Grégoire,
Même sans connaître l'Histoire,
Puis, après, qu'il soit satisfait...
Moi, ce n'est pas là mon sujet ;
Car, aujourd'hui, pour fêter Madeleine,
Je vais, mes amis, chanter à perdre haleine !
A chanter, je vais perdre haleine.

Oiseaux, qui chantez dans les bois,
Joignez vos accords à ma voix ;
Vous, dont la flûte enchanteresse,
Charme nos sens et nous caresse,
Accourez, faunes d'alentour,

Pour célébrer un si beau jour !
Et vous, troupeaux, bondissez dans la plaine;
  Sachez qu'aujourd'hui je fête MADELEINE !
    Aujourd'hui, fêtez MADELEINE.

  Avec moi , musiciens fameux ,
    Célébrez ce moment heureux .
  Violons , Trombones , Clarinettes ,
  Hautbois , Galoubets et Musettes ,
  Faisons un concert tout divin ;
  Ah ! puisse-t-il être sans fin !...
Pouvais-je avoir une meilleur aubaine ?
Pour moi quel bonheur ! je chante MADELEINE !
    Quel bonheur de chanter MADELEINE !

  De la terre jusques au ciel ,
  Que ce soit un cri solennel :
  Bergers , quittez les verts bocages ,
  Cessez vos grivois badinages ;
  Vous reprendrez vos jeux demain ;
  Mais , comme moi , chantez soudain :
  « Régnez sur nous en noble souveraine ;
« Nos cœurs sont à vous , aimable MADELEINE !
  « Nos cœurs sont à vous , MADELEINE ! »

LES VRAIS PLAISIRS.

Ronde bachique.

Air : Il n'est qu'un temps pour le plaisir.

Sachons jouir de nos beaux jours ,
Loin de nous la mélancolie !...
Entre Bacchus et la Folie ,
Amis , partageons-en le cours.
Suivons l'exemple de Grégoire ;
Goûtons toujours les vrais Plaisirs.
Tôt tôt tôt tôt , versons à boire ,
Et ne bornons point nos désirs.   *bis.*

Dès que le jour nous a quittés ,
Au *Bon Coin* Bacchus nous ramène ,
Et , pour adoucir notre peine ,
Trente flacons sont apportés...
Nous les sablons ; car , c'est notoire ,
Pour bien goûter les vrais Plaisirs ,
Tôt tôt tôt tôt , il faut bien boire ,
Et ne point borner ses désirs.

L'autre jour, auprès d'Isabeau,
Je brûlais d'une vive flamme ;
La belle m'aimait, sur mon âme !
Je la couchai sur un tonneau....
Ce fut pour moi brillante gloire,
Car je goûtai les vrais Plaisirs.
Tôt tôt tôt tôt, versez à boire.
Et ne bornez point mes désirs.

L'homme méchant (le buveur d'eau),
Nous pouvons le donner au diable ;
Amis, restons à cette table,
Vidons jusqu'au dernier tonneau....
Qu'on dise de nous, dans l'histoire :
« Ils ont goûté les vrais Plaisirs ;
« Tôt tôt tôt tôt, ils savaient boire
« Et ne bornaient point leurs désirs ! »

LE DÉPART DU TROUBADOUR.

ROMANCE.

Air : Versez, amis, versez à tasse pleine.

Un troubadour, au printemps de sa vie,
Sous un ormeau répétait chaque jour :
Bientôt, hélas ! faut quitter mon amie !
Cruel départ ! adieu donc mon amour !
Loin de ces lieux, je vais faire la guerre,
Mes bons parens seront dans la douleur !
Chère Philis ! tu vas devenir mère...
Et mon départ peut causer ton malheur !

C'est dans ces bois, à l'ombre d'un vieux chêne,
Que tendrement elle reçut ma foi !...
Combien de fois je lui prouvai sans peine
Q'aucun amant ne l'aimait plus que moi !...
Je vais gémir, privé de ma bergère ;
Puisse la mort terminer ma douleur !...
Tendre Philis, tu vas devenir mère !
Et mon départ peut causer ton malheur !

Adieu, vallons ! adieu, sombres retraites !...
Adieu !... je ne vous reverrai jamais :
Petits oiseaux, et vous tendres fillettes
Qui tous les jours répétiez mes couplets!..
Adieu, ruisseau!... Sous un autre hémisphère,
Loin de ces lieux j'emporte ma douleur !...
Mais ma Philis, hélas ! deviendra mère !
Et mon départ peut causer son malheur !

O toi, Linval ! cher compagnon d'enfance,
Dans ces vallons si tu viens à ton tour,
Avec ton luth chante cette romance,
Fais-la redire aux échos d'alentour...
Sur ces gazons si tu vois ma bergère,
Console-la dans sa triste douleur ;
Car c'est par moi qu'elle deviendra mère...
Et mon départ peut causer son malheur !

LE CHAPEAU PERDU.

Aventures singulières de M. BINOT dit *Crin-Crin*
à la barrière de Ménil-Montant.

Pot-pourri.

———

Air de Manon Giroux.

Qu'est-c' qui veut savoir l'histoire
  D'un vieux musicien ?
J' lons présente à la mémoire,
  Ecoutez-moi bien.
Faut, pour entrer en matière,
  Vous dir' tout d'abord,
Qu' dernièr'ment à la barrière,
  On l' crut presque mort.

Air : Tous les Bourgeois de Chartres.

En homme qui sait vivre,
Et va toujours gaîment,

Binot déjà presqu'ivre
  S'traîne à Ménil-Montant ;
Mais, bon dieu ! quel malheur s'empare de son âme !
Faut-il dans un séjour si beau ,
Dans c' pays , qu'il perd' son chapeau ?...
Ah ! que va dir' sa femme ?...

AIR : N'croyez pas ma cocotte, etc.

A l'octroi , l'on s'informe ,
Jusqu'au bouchon l' plus prochain ,
  Qui peut r'connaître la forme
D' son chapeau , mais c'est en vain :
Un d' ces messieurs, charitable,
Dit : « G'ny a pas d'si grand malheur ;
« V'là z'un' casquett' sur la table....
  « Ah ! quel bonheur ! »   (ter.)

AIR : Une fille est un oiseau.

Morguenn' j' puis m' passer d' chapeau ,
Cett' casquette est assez bonne ;
Quand j' bois du jus de la tonne ,
J' suis tout comme un jouvenceau...
Il dit, puis quitt' la guinguette,
Fredonnant la chansonnette ;
N'ayant plus l'âme inquiète ,
Il regagne la maison.
Mais sa femm' , que va-t-ell' faire ?

C'est là l' plus dur de l'affaire.....
.... Elle fera carillon !!!   (*bis*.)

Air : Silence ! silence ! silence !

— Ta banqu'! ta banqu'! ta banque !   (ta paye)
Dit sa femme , ou j' te flanque
Du haut en bas , jusqu'au palier ,
Tu dormiras sur l'escalier....

Air : A la façon de Barbari.

C'tapendant un reste d' pitié
Vient de gagner sa femme ;
— J' suis toujours ta chère moitié ,
Dit-ell', chant'-moi ta gamme !.....
Tu n' laiss'ras pas là ta maison ,
  La faridondaine, la faridondon ;
Car tu m'aim's , tes enfans aussi ,
      Biribi ,
A la façon de Barbari ,
      Mon ami !

Air des Pendus.

Pour finir c't' aventure-là ,
Les enfans baisent leur papa ;
La femme le brosse , et décrotte
Gilet , *casquette* , redingote :
Binot promit , encor plein d'jus ,
Qu' jamais il ne r'commenc'rait plus...

Air : Le lendemain d'une ribotte.

Le lendemain, quelle anicroche
Vient surprendr' sa chère moitié !
V'là-t-il pas qu' des lett' d'amitié
Sa femme trouve dans sa poche ;
— Chien d'homm', tu veux donc m' faire aller ?
Tiens, j' crois que j' vais t' défigurer...

Air : Du haut en bas.

Du haut en bas,
Ell' manqu' d' le j'ter par la fenêtre ;
Du haut en bas,
Ell' ne cess' de faire des hélas !
Presqu'aussitôt dans leur colère...
Les enfans sautent sur leur père,
Du haut en bas.

Air : La Boulangère a des écus, etc.

Binot, sans se déconcerter,
Veut faire d' la morale.
« Ma femm', pourquoi donc t'emporter ?
N' fais pas tant de scandale ;
La boulangère prêt'ra du pain ;
Nous ach'trons de la viande...
Demain....
Nous ach't'rons de la viande. »

LE FOIN.

Air : Du partage de la richesse. (FANCHON.)

Combien d'auteurs , sur la verdure ,
Ont écrit de piquans couplets !
Combien d'amans , de la Nature
Ont chanté les dignes bienfaits !
Leur esprit même , sur la paille
Quelquefois s'exerce au besoin.
Amis , aujourd'hui je rimaille ,
Et je vais vous chanter le *foin*.   (*bis*.)

Sur le foin , galante aventure
Arrive au sexe bien souvent ;
Sans prendre garde à sa parure ,
On s'y jette nonchalamment...
Moi , je le dis sans amertume ,
L'enfant dont on prend plus de soin ,
Dort tranquillement sur la plume
Tandis qu'il est *né* sur le *foin*.

Pour que l'affaire soit plus sûre,
Lucas, près de se marier,
Sur les appas de sa future
Voulut cueillir plus d'un baiser...
Lucette se mit en colère,
Mais l'Amour, qui n'était pas loin,
Lui dit : « Tout beau ! tout beau ! ma chère ; »
Zest ! il la coucha sur le *foin*.

Expert dans l'art de la coiffure,
Comtois frise monsieur Derval ;
Il fait, avec sa chevelure
Tresses, boucles, fer-à-cheval...
Ce bon serviteur, plein de zèle,
De précautions et de soin,
Avec Madame, jeune et belle,
Va se *reposer* sur le *foin*.

Las de sommeiller sur la dure,
Un fin Normand, l'autre matin,
Emporte lit et couverture
Au tapissier, notre voisin :
Soudain il avait pris la fuite :
Mais, arrêté par un témoin,
Il fut jugé, pendu de suite !...
Que ne restait-il sur le *foin* ?

APRÈS NOUS LA FIN DU MONDE.

Air : Comme on fait son lit on se couche.

Comment résister au plaisir,
Lorsqu'à chaque pas se présente
Beauté provoquant le désir,
Des jeux suivant la douce pente ?
Gaîment caressons les Amours ,
Et , sur cette machine ronde ,
De nos ans prolongeons le cours ;
Puis après nous la fin du monde.   *bis.*

Deux rivaux , pour un différent ,
Se rendaient au bois de Boulogne ;
Mais les témoins , chemin faisant ,
Leur font avaler le Bourgogne ;
La colère était dans leurs yeux ;
Le vin dans les coupes abonde :...
« Soyons amis , dit chacun d'eux ;
« Car après nous la fin du monde. »

Loin de moi toute affliction ,
Voici quel est mon caractère :
Sans chagrin , sans ambition ,
Franche gaîté sait me complaire.
Quand j'entonne un joyeux refrain,
Si la triste raison me fronde ,
J'emplis et vide mon flacon ,
Puis après moi la fin du monde.

REPROCHES DE BASTIEN A SA MÉNAGÈRE.

Air : *J'ai vu partout dans mes voyages.*

Tiens , j' te dirons , not' ménagère ,
Qu' tout c' train-train-là n' nous plaît pas ;
Avec moi.tu fais la sévère ,
Mais , c' n'est pas d' même avec c' Lucas.
J' m'apercevons ben qu' drès qu'i t' lorgne ,
Qu' tu lui souris d'un œil malin...
Pardi ! crois-tu qu' je soyons borgne ?
Qui m'attrap'ra s'ra ben fin !   *bis*.

Hier , j' vous vis encore ensemble ;
Vous devisiais d'un air tout doux.
J'étais caché derrière un tremble ;
Vous n' me croyais pas si près d' vous !
Quand t'en sortis , t'étais rougeaude ,
On voyait palpiter ton sein...
Par-là morguenn' ! je n' somm's pas Claude :
Qui m'attrap'ra s'ra ben fin !

Quand par hasard j'entrons en danse,
Tu viens toujours nonchalamment ;
Mais si c' Lucas tout d'go s'avance,
Tu sautes plus légèrement...
Tes pieds marquent mieux la cadence,
Son doux regard te boute en train.
Morgué ! j' voyons d' la manigance !
Qui m'attrap'ra s'ra ben fin !

Le soir, au lit, quand j' vins te r'joindre,
Drès qu' tu m' sentis tu m' tournas l' dos :
Tu t'en r'souviens, j' voulus m'en plaindre,
Tu n'écoutas point mes propos.
Parguenn' j' voyons d' la parférence
Pour c' biau Lucas qui n' t'est de rien !
Jarny ! j' voyons d' la manigance,
Qui m'attrapp'ra s'ra ben fin !

LISETTE ET THOMAS.

Air de la Sauteuse.

Sous un ombrage épais ,
Fait exprès ,
Lisette dormait en paix ;
Mais ,
Le beau Thomas ,
Qui ne dormait pas ,
La voit, s'avance à petit
Bruit.....
Tout doucement
Il prend un baiser charmant ;
Puis , sur son sein
Il veut promener sa main ,
Quand la belle à l'instant s'éveilla ,
Pour arrêter ce jeu-là ,
Là !

Fit-elle bien ?
Je n'en dirai rien ;
Est-on d'accord sur ce point ?
Point :
Souvent le cœur
Dément la rigueur ;
Celle qui dit autrement,
Ment.
Peut-on, aimant,
Vivre toujours en veillant ?
Peut-on aussi,
Dormir avec ce souci ?
Lorsqu'un amant
Saisit le moment,
Peut-on avoir, quand on dort,
Tort ?

DIFFICULTÉ VAINCUE.

Un *a* au moins dans chaque mot du couplet suivant.

———

Air : Moi, je flâne ! moi, je flâne !

Ah ! qu'à table,
L'air affable
Plaît à l'Amour, l'amant sable
Bordeaux, champagne, chablis,
Avec sa bande d'amis.
La rasade dans la main,
Gaîment chantons la vendange ;
Mais chassons, par sa louange,
L'épouvantable chagrin...
Jamais la charmante Agathe
N'a fait d'autre amant qu'Alain ;
Mais Alain, aussi, la flatte,
Caressant sa blanche main.
Ah ! qu'à table, etc.

LE CHAT DISGRACIÉ,

À MM. LES COMPOSITEURS

DE L'IMPRIMERIE DE M. LE NORMANT.

O vous, qui me chassez ! qui vous met en colère ?

Est-ce mon mauvais cœur, ou mon instinct gourmand ?

Or, veuillez m'écouter. Je crois qu'en ce moment

Contre moi vous formez un complot trop sévère...

Assez long-temps, hélas ! je fis de mauvais tours ;

Eh bien, dès aujourd'hui, voyez ma repentance :

Vous me pardonnerez !... J'attends votre clémence.

Un chat doux comme moi ! Me détester toujours

Serait par trop cruel ! car, pour me faire entendre,

Je n'ai point, comme vous, reçu le double don

Du charme de la voix, de la sage raison...

Pourtant, si vous voulez vous pourrez me comprendre.

La gent trotte-menu, jadis, nous dit la fable,

Non loin de Mysarpax et dans Ratopolis,

Fut mise en désarroi par Rominagrobis :

Depuis, l'oreille au guet et d'un air lamentable,

Chacun croyait le voir ; nul ne pouvait dormir

Au moindre souvenir d'une mère égorgée,

D'un père mutilé, d'une sœur massacrée :

On tremblait, on pleurait, on craignait de périr…

Mais vous savez, Messieurs, ce qu'il advint ; qu'enfin

Un conseil fut tenu… Quatre des plus robustes,

Membrés autant qu'Alcide et portant haut leurs bustes,

Pour lui mettre un grelot, devaient de grand matin,

Au moment décidé, l'attendre dans leur antre.

« Malheur à lui ! dit l'un ; car, s'il vient à mon trou,

« Je veux lui mettre, seul, cette sonnette au cou…

« Malheur à lui ! cent fois malheur à lui, s'il entre ! »

Le chat paraît… tout fuit. — Tel qu'un loup affamé,

Fondant sur un troupeau, fait un carnage horrible,

Ainsi, maitre Raton devient fougueux, terrible ;

Aussitôt il saisit le champion effronté

Qui, la veille, au logis, faisait le fanfaron ;

Il en prend un second, un troisième, enfin quatre

Vainqueur, et leur ôtant tout pouvoir de combattre,
Raton les envoya souper avec Pluton...

Eh bien, je suis pourtant, et vous pouvez m'en croire,
Le digne descendant de ce chat renommé,
Qui fut si bien prôné, si justement nommé,
Dont vous parlent souvent et la fable et l'histoire.

Je reprends mon sujet : car je disais, tantôt,
Combien mes mauvais tours, mes vols et ma malice,
Vous avaient, contre moi, fâchés avec justice...
Mais j'ai l'espoir flatteur de revenir bientôt...
Grands dieux ! j'y pense encor. Dans notre voisinage,
Les chats battus par moi, pour mes déportemens,
Auraient pu se venger par un noir guet-apens,
Et me briser les reins pour me rendre plus sage !...
Il n'en fut rien. — Mais vous, vous dont le cœur humain
Prévenait mes besoins ! J'ai dérobé sans gêne
Les dîners de Messieurs Léon, Favre et Degenne :
Craignant d'être attrapé, je me sauvais soudain...
Combien je me repens !... Puis-je encor trouver grace
Auprès de vous, Messieurs ? J'attends votre pardon ·
Ah ! laissez revenir le malheureux Raton !

Désormais, circonspect et laissant tout en place,

J'aimerais mieux mourir sur la planche d'un rang,

Ou bien, pendant un jour, traînant ma maigre échine.

J'irais à tout venant de cuisine en cuisine,

Plutôt que de voler les bribes d'un hareng...

Tel est mon repentir... accueillez-le sans crainte :

Je ferai mon devoir. Prononcez... S'il le faut,

Je saurai dès ce jour du plus petit défaut

Me défaire sans honte et surtout sans contrainte.

Ah! combien ici-bas, prenant un plaisant ton,

Ces redresseurs de torts, se montrant bons apôtres,

Habiles aigrefins, ne font pas mieux que d'autres!

Adieu, jusqu'au revoir... J'ai dit... *Signé* RATON.

TABLE

DES CHANSONS, ETC., CONTENUS DANS CE VOLUME.

Première partie. — Renard.

FIN.